BEI GRIN MACHT SICH IHR WISSEN BEZAHLT

Chatbots in der Informationsbeschaffung. Wahrgenommene Benutzerfreundlichkeit

Thomas Theumer

Bibliografische Information der Deutschen Nationalbibliothek:

Die Deutsche Nationalbibliothek verzeichnet diese Publikation in der Deutschen Nationalbibliografie; detaillierte bibliografische Daten sind im Internet über http://dnb.d-nb.de abrufbar.

ISBN: 9783346868923
Dieses Buch ist auch als E-Book erhältlich.

Druck und Bindung: Books on Demand GmbH, Norderstedt Germany
Gedruckt auf säurefreiem Papier aus verantwortungsvollen Quellen

Das vorliegende Werk wurde sorgfältig erarbeitet. Dennoch übernehmen Autoren und Verlag für die Richtigkeit von Angaben, Hinweisen, Links und Ratschlägen sowie eventuelle Druckfehler keine Haftung.

Das Buch bei GRIN: https://www.grin.com/document/1355189

Technische Universität Chemnitz
Fakultät für Informatik
Professur Medieninformatik
Bachelorstudiengang
Informatik und Kommunikationswissenschaften

Seminararbeit

CHATBOTS' PERCEIVED USABILITY IN INFORMATION RETRIEVAL TASKS: AN EXPLORATORY ANALYSIS.

vorgelegt von   Thomas Theumer

Veranstaltung   Hauptseminar Medieninformatik

Bearbeitungszeitraum   Wintersemester 2020/21

Ort, Abgabedatum   Chemnitz, 13.11.2020

Inhaltsverzeichnis

Einleitung

Künstliche Intelligenz ist ein nicht mehr wegzudenkender Weggefährte der modernen Menschheit. Anfangs konnte Weizenbaums (1966) berühmtes Chatbot-System ELIZA die Eingaben lediglich paraphrasieren und Rückfragen stellen. Mittlerweile haben sich die Dialog-Systeme zur natürlichsprachlichen Interaktion in zahlreiche bereichsspezifische Varianten ausdifferenziert und weiterentwickelt. Lotze (2016) zufolge würden vermehrt einfache Chatbots mit ganz basalen Funktionen zur Spracherkennung und Generierung existieren. Weiterhin existieren nach Lotze (2016) neben ambitionierten crowd-sourcing-basierten Systemen auch vermehrt aufwendig animierte Embodied Conversational Agents. Auf die auf statistische Modelle basierenden Assistenz-Systeme und hybride künstliche Intelligenzen, die unterschiedliche Architekturansätze miteinander verbinden, weise sie auch hin.

Krämer (2008) zufolge kann der einfache Chatbot als die am weitesten verbreitete Form artifizieller Dialogsysteme und die am wenigsten aufwendig gestaltete Anwendung angesehen werden. Trotz vieler Vorteile hat eine beträchtliche Anzahl von Chatbots jedoch Schwierigkeiten, die Benutzer gänzlich zufrieden zu stellen. Diverse Studien untersuchen, welche Faktoren die Interaktion mit einem Chatbot beeinflussen. Dies beinhaltet auch, wie solche Faktoren bewertet werden können.

So empfiehlt Tariverdiyeva (2019) in seiner Studie die Entwicklung eines neuen Fragebogens mit UMUX-Lite. Auf Grundlage seiner festgelegten Schlüsselfaktoren soll weiteres Vorgehen erfolgen. Hier stelle sich die Frage, ob dieses Nahelegen seitens Tariverdiyeva auch berechtigter Natur sei. Im Rahmen der Seminararbeit sollen zum einen Grundlagen gelegt und darüber hinaus die Befunde Tariverdiyevas, sowie weitere etwaige Befunde validiert und als ergänzend oder korrigierend betrachtet werden.

Kapitel 1 – Einführung in die Thematik

Kapitel 1.1 – Mensch-Maschine-Interaktion

Natürlich sprachige Kommunikation zwischen Lebewesen stellt eine faszinierende Laune der Natur dar. Nicht überraschend hierbei sei, dass die Spezies Mensch diese Art der Kommunikation bereits seit vielen Jahrzehnten erforsche. Tubbs (2013) sagt aus, dass mittlerweile umfassend bekannt sei, in welchem Stil Informationen ausgedrückt werden können. Und dieser Stil darüber hinaus auch beeinflusse, wie wir Informationen – die kommuniziert werden – eigentlich wahrnehmen. Wie verhält es sich aber bei der Kommunikation mit Chatbots?

McTear, Callejas & Barres (2016) verweisen zuerst auf die Möglichkeit, Muster in der Konversation zu verfolgen und anschließend Konversationsschemata zu erstellen. Ein solches Vorgehen sei mit dem Prinzip der „finite State-Machine" den Laien leichter begreiflich zu machen. So verfasst der Nutzer eine Nachricht. In dieser sucht der Chatbot nach sogenannten Schlüsselbegriffen. Je nach Komplexitätsgrad oder Professionalität des Chatbots werden dem Nutzer anschließend weitere Verfahrensweisen vorgeschlagen. Chatbots können prinzipiell in Verbindung mit einem Avatar benutzt werden. Technisch sind Bots jedoch näher mit einer Volltextsuchmaschine verwandt als mit künstlicher oder gar natürlicher Intelligenz. Mit steigender Computerleistung können Chatbot-Systeme immer schneller auf zunehmend umfangreichere Datenbestände zugreifen und dem Nutzer somit auch intelligente Dialoge anbieten. Solcherlei Systeme seien auch als virtuelle persönliche Assistenten zu bezeichnen.

Nach Mérineau (2016) und Orf (2016) wird heutzutage meist durch digitale Assistenten (Google Assistant, Amazon Alexa) von Messenger-Apps, Organisationstools und Webseiten auf Chatbots zugegriffen. Gnewuch, Morana & Maedche (2018) zufolge dient die Verwendung der natürlichen Sprache als Interaktionsmodus dazu, die Technologie im Wesentlichen zu verbessern und nahezu mühelose Zugänglichkeit für ein möglichst breites Spektrum an potenziellen Nutzern herzustellen.

Kapitel 1.2 – Geschichte der Chatbots

McTear et al. (2016) erläutern, dass es Dialogbasierte Systeme schon seit relativ langer Zeit gäbe und Programmierer Ende der 80er Jahre mit der Weiterentwicklung sprachfähiger interaktiver Systeme begonnen haben. McTear (2017) zufolge können der Anstieg und der Wendepunkt der Chatbot-Entwicklung jedoch ab 2016 im intensiveren Maße beobachtet werden. Nur innerhalb des Startjahres der Bot-Plattform auf Facebook Messenger hat die Anzahl der entwickelten Bots 100.000 überschritten und liegt derzeit bei über 300.000 (Johnson, 2018). Die Entwicklung selbst werde – nach McTear (2017) – dabei von folgenden Punkten beeinflusst:

(a) Fortschritte in der Künstlichen Intelligenz

(b) Verfügbarkeit von Big Data

(c) Verbesserte Konnektivität von Geräten und Cloud-basierten Ressourcen

(d) Fortschritte bei der Spracherkennung und Verarbeitung natürlicher Sprache

Darüber hinaus haben viele große Technologieunternehmen ihre Plattformen für Zertifizierungsstellen verfügbar gemacht und Investitionen in Technologien (wie Künstliche Intelligenz, Deep Learning und natürliche Sprache) getätigt. Weiterhin auch in die Verarbeitung, die für den Aufbau eines Systems unerlässlich ist – welches auf natürliche Weise mit dem Benutzer interagieren kann (McTear, 2017).

Abgesehen von den technologischen Durchbrüchen und Investitionen von großen Technologieunternehmen wurde das verstärkte Interesse an den Zertifizierungsstellen auch durch die beobachtete Verschiebung des Nutzerverhaltens in Richtung Nachrichtenübermittlung ausgelöst.

Nguyen (2017) zufolge übertrafen im Jahre 2015 vier Top-Messaging-Apps vier Top-Social-Media-Netzwerke bezüglich der monatlich global aktiven Nutzer. Darüber hinaus habe die einfache Implementierung neuer technologischer Entwicklungen viel Aufmerksamkeit verursacht.

Diese Aufmerksamkeit gebühre fortan den Nachrichten Plattformen und eröffne Unternehmen somit die Möglichkeit, Nutzer (und somit potenzielle Verbraucher und Kunden) auf einem neuen, effizienteren, sowie sehr kostengünstigen und direkten Wege zu erreichen (Toplin, 2017). So habe zum Beispiel „WeChat" – eine der seit ihrer Entwicklung im Jahre 2013 am häufigsten verwendeten Apps auf dem asiatischen Markt – eine der beliebtesten Möglichkeiten die Arbeitslast bezüglich Interaktion mit Kunden zu verringern, dargestellt (Van Eeuwen, 2017).

Kapitel 1.3 – Design und Usability

Nach Krämer (2008) sollen Embodiment und anthropomorphes Design dazu beitragen, dass die Mensch-Computer-Interaktion einer natürlichen Gesprächssituation ähnlicher Nutzer-Verhalten in Analogie zu vergleichbaren Settings aus der HHC damit antizipier bar werden. Qualitativ wird der Interaktion somit ein höherer Level als allein textbasierte Interaktion beigemessen (Walker, Sproull, Subramani 1994). Darüber hinaus können Sproull et al. (1996) zufolge die Reaktionen der Nutzer bis zu einem gewissen Grad anhand von ethnologischen und soziologischen Erkenntnissen kalkuliert werden.

In der Usability-Forschung ist die Wahrnehmung der Systeme durch die Nutzer die zu untersuchende Größe. Følstad et al. (2020) legen ihren Ergebnissen nach nahe, dass ein Chatbot Mehrsprachigkeit unterstützen, sowie eine kluge Entscheidungsfindung implementiert haben solle. Auch solle das Erkennen von implizitem Feedback und darüber hinaus das Abfragen von Informationen außerhalb eines bestimmten Gültigkeitsbereichs ermöglicht sein. Letztendlich seien bei guten Chatbots auch eine gewisse Expertise und Professionalität zu erkennen. Die Ergebnisse von Oyewole (2020) zeigen jedoch, dass Low Budget Chatbots vermehrt nicht in der Lage seien, Fragen außerhalb ihres Geltungsbereiches zu verstehen und dabei den eigentlichen Kontext zu bewahren. Somit seien die von Oyewole untersuchten Bots Beispiele für ineffiziente Instrumente bezüglich der zuverlässigen Verbreitung von Informationen.

Die Usability Forschung sei stets aus verschiedenen Blickwinkeln zu betrachten. Linguistische Studien aus dem Bereich der Mensch-Computer-Interaktion sind jedoch vergleichsweise selten (Wagner, 2002). Die Usability-Forschung bewege sich laut Lotze (2016) im Spannungsfeld zwischen ihrem angestrebten Ideal der übergangslosen Symbiose zwischen Mensch und Computer. Und ihrem tatsächlichen Forschungsgegenstand: Bots. Diese seien je nach Anwendungsgebiet und Stand der Technik als virtuelle Assistenten mit Restriktionen oder als einfache Werkzeuge zu begreifen.

Kapitel 2 – Wegweisende Studien

Kapitel 2.1 – Der Lewis Ansatz

Laut Lewis (2013a) sei der UMUX-Lite ein Zwei-Item-Fragebogen. Er basiert auf den Usability Metric for User Experience (UMUX) Fragebogen und abstrahiert diesen. In Bezug auf die Forschung an den UMUX-Lite haben Lewis und Kollegen viele der ursprünglichen Ergebnisse replizieren können. Solche beziehen sich auf die typischen Ziele einer psychometrischen Auswertung. Zum Beispiel eine ausreichende Reliabilität und Validität. Zu bemerken hierbei sei, dass die Schätzungen bezüglich der Reliabilität und Validität dazu neigten, niedriger als beim ursprünglichen UMUX zu sein.

Hauptaugenmerk der Studie war es zu ergründen, ob auch ein weniger umfangreicher Fragebogen akzeptable psychometrische Eigenschaften erziele. Die psychometrischen Eigenschaften betrachten Lewis und Kollegen unter der Prämisse, dass es sich lediglich um einen Zwei-Item-Fragebogen handle, als sehr gut. Zugleich mahne man mit der Studie im Jahre 2013 an, dass viele Tests notwendig seien, bis der UMUX-Lite als standardisiertes Maß betrachtet werden könne. In einer Folgestudie aus dem Jahre 2015 vergleicht Lewis den UMUX-Lite Fragebogen mit dem SUS Fragebogen. Die Studie validiere die Regressionsgleichung, welche der UMUX-Lite in Korrespondenz mit SUS aufweise. Der Einsatz funktioniere folglich gut mit einem unabhängigen Datensatz und erhöhe das Vertrauen in die validen Verwendungsmöglichkeiten. Gleichzeitig werde vom Autor angemahnt, dass zukünftige Forschung von Nöten sei, um die Wechselwirkungen zwischen dem UMUX-Lite und den SUS besser zu verstehen.

Borsci (2015) untersucht in Ergänzung zu Lewis (2013) die Nutzerzufriedenheit. Dafür werden auch hier der UMUX-(Lite) und der SUS miteinander verglichen. Er gelange zur Erkenntnis, dass die Skala des SUS bei erfahreneren Nutzern zweidimensionale Eigenschaften habe. Dies mache es möglich, das Ergebnis des SUS einerseits als ein Ganzes und darüber hinaus auch das Ergebnis der lernbaren und verwendbaren Komponenten als solche zu berechnen. Weiterhin sei die allgemeine Zufriedenheit bei dieser Kohorte höher als unter weniger erfahrenen Benutzern. Durch die hohe Korrelation des UMUX-(Lite) mit dem SUS habe sowohl der UMUX als auch der UMUX-Lite hier ähnliche Ergebnisse bezüglich der Gesamtwertung erzielt. Zusammenfassend betrachtet Borsci (2015) sowohl den UMUX als auch den UMUX-Lite als reliable und valide Stellvertreterfragebögen des SUS. Wobei der UMUX-Lite Ergebnisse liefere, welche näher an denen des SUS liegen würden als der UMUX Fragebogen. Somit widerspricht er teilweise Lewis et al. (2013a), welche den UMUX-Lite allenfalls als ergänzenden Fragebogen zum SUS vorgeschlagen haben.

Er rate jedoch davon ab, den UMUX allein anzuwenden. Dessen Skala betrachte Borsci auf Grundlage eigener Ergebnisse als zu optimistisch. Abschließend zeige sich Borsci (2015) davon überzeugt, dass der UMUX-Lite ein zwar vorläufiges aber schnelles Tool sei, um Prototypen zu testen. In summativen und erweiterten Phasen lege er jedoch nahe, den UMUX-Lite weiterhin in Kombination mit dem SUS zu verwenden.

Nun stelle sich unweigerlich die Frage, wie der UMUX-Lite zu werten sei. Thielsch und Hirschfeld (2018) üben die Kritik aus, dass der UMUX-Lite hinsichtlich der Feststellung eines direkten Anwendungsbereiches unklar sei. So soll es ist nicht direkt ersichtlich sein, dass es sich um eine Kurzversion der SUS handele. Brooke (1996) gebe beim SUS eine klare Definition und Bezugspunkte, was die Usability genau umfasst, vor. Dies fehle wiederum in der Darstellung des UMUX-Lite. Generell sei ein Nachlesen im Originaltext den Autoren nach zwar möglich. Jedoch sei dies unnötig und verkomplizierend. Auch erschwere man somit die direkte Anwendung des Fragebogens.

Weiterhin heißt es von Seiten Thielsch und Hirschfeld (2018):

> Aus der Konstruktdefinition sollten sich zudem die Entwicklung und Zusammenstellung der Befragungsitems direkt ableiten – dies stellt die Grundlage einer hohen inhaltlichen Validität eines Fragebogens dar. [...] Des Weiteren sollten die AutorInnen klar festlegen, für welche Befragten und welche Inhalte ihr Instrument geeignet ist, damit wird auch klar wo ein Einsatz wahrscheinlich nicht sinnvoll ist. [...] Wenn keine expliziten Angaben zum Anwendungsbereich eines UX Fragebogens gemacht werden, sollte man kritisch prüfen, inwiefern bisherige Teststichproben und Beurteilungsobjekte der AutorInnen zur eigenen geplanten Untersuchung passen. (S. 750)

Als Gesamtes betrachtet gelang es dem UMUX-Lite über die Jahre hinweg, sich als ein standardisiertes Maß zur Messung der Usability zu etablieren. Obwohl die Kommunikation über diesen Fragebogen bemängelt werde, sei er ein valides und reliables Messinstrument. Er könne jedoch noch weiter verbessert werden. So bemühten sich diverse Forscher der Universität Twente in den Niederlanden um eine Optimierung des UMUX-Lite. Diese Versuche sollen nun näher betrachtet und etwaige Erfolge und Kritik entsprechend verlautet werden. Im Vordergrund stehen hier die Errungenschaften von Gunay Tariverdiyeva. Im Rahmen seiner Masterarbeit setzte sich dieser intensiver mit den UMUX-Lite auseinander. Seine Ergebnisse sollen nun aufgezeigt und unter der Zuhilfenahme weiterer Studien zur Diskussion gestellt werden.

Kapitel 2.2 – Der Tariverdiyeva Ansatz

Nach einer Systematischen Literaturanalyse, einer Online Umfrage, der Auswertung des UMUX-Lite und der vergleichenden Analyse von Testpaaren, sowie der Post-Test-Umfrage und Nachbesprechung erhielt Tariverdiyeva (2019) folgende finale Liste mit 18 Faktoren, welche einen starken Konsens über alle Gruppen zu verzeichnen hatten. Bei diesen Faktoren handele es sich um Antwortzeit; Wohlwollende Reaktionen bei unerwarteten Situationen; Maximale Quantität; das Erkennen von Nutzerabsicht und – ziel; Maximale Qualität; die Wahrgenommene Benutzerfreundlichkeit; Vorbildliches Verhalten; die Problemlösung im laufenden Betrieb; Maximale Relationen; Themenbezogene Diskussion; Angemessene Formalitäten; Privatsphäre und ethische Entscheidungsfindung; Bezugnahme zum Bildschirm; das Erfüllen der Bedürfnisse der Neurodiversität; die Integration auf der Webseite; die Vertrauenswürdigkeit; Prozesserleichterung und Stringenz, sowie Flexibilität bei der sprachlichen Eingabe.

Das Ziel seiner explorativen Studie war eine Liste von Schlüsselfaktoren zu identifizieren, welche die Wahrnehmung der Gebrauchstauglichkeit in der Interaktion mit Chatbots beeinflussen. Weiterhin wollte Tariverdiyeva eine Richtung für die Entwicklung eines neuen Tools vorschlagen. Dieses solle auf den Schlüsselfaktoren und bereits vorhandenen Tools basieren. Es kann Waldera (2019) zufolge geschlussfolgert werden, dass die Implementierung der 18 Schlüsselfaktoren zu einer Änderung der wahrgenommenen Qualität und Benutzerzufriedenheit führe. In ihrer Studie gelange sie zu dem Ergebnis, dass Tariverdiyevas Ansatz (auf dessen Grundannahme sie einen eigenen Fragebogen entwerfe) im direkten Vergleich zu Lewis et al. (2013b) die Benutzerfreundlichkeit und Gebrauchstauglichkeit von Chatbots besser erfasse.

Auch gelang es ihr, die Liste von Tariverdiyeva & Borsci (2019) auf lediglich noch 14 relevante Schlüsselfaktoren zu reduzieren. Weiterhin erkannte sie, dass die zusätzliche Funktion „Erwartungseinstellung" aus der Forschung von Luger und Sellen (2016) von den Befragten als relevant betrachtet werde. Letztendlich war Waldera (2019) dazu im Stande, 13 der 18 Schlüsselfaktoren von Tariverdiyeva & Borsci zu validieren. Nichtsdestotrotz empfiehlt sie, ihren Ansatz erneut zu prüfen und zu bestätigen. Dafür solle eine weitere Studie mit einer größeren Anzahl von Personen und einem vielfältigeren Pool an Teilnehmern erfolgen.

Silerhuis (2020) kritisiert jedoch, dass Waldera (2019) keine rationale Begründung für ihre gewählte Struktur angebe. Mit Walderas Studie habe man darüber hinaus den ersten Schritt in Richtung Standardisierung gemacht. Daran bemängelt Silerhuis (2020), dass der USIC-Fragebogen jedoch psychometrisch weiter auszuwerten sei. Erst dann könne man ihn als standardisierte Skala verwenden. Silerhuis (2020) gelinge dahingehend ein wichtiger Beitrag, da Silerhuis Studie durch entsprechende Ergebnisse zur Standardisierung des USIC entscheidend beitrage. Sie beweise die Gültigkeit und Zuverlässigkeit des USIC bei Personen zwischen 25-35 Jahren und 55-70 Jahren. Die Ergebnisse zeigen weiterhin, dass die Struktur des USIC mit der von Fragebögen aus vorherigen Studien übereinstimme. Somit seien hier eine starke Korrelation mit dem UMUX-Lite und eine hohe interne Konsistenz festzuhalten.

Schlussendlich sei der USIC der Erkenntnis Silerhuis nach ein vielversprechender Kandidat, um die Lücken in der Literatur durch seine erfolgreiche Standardisierung zu füllen. Folglich werde die Problematik der Messung von Gebrauchstauglichkeit bei informationsverarbeitenden Chatbots bald gelöst sein. Auch Böcker (2019) validiert in ihrer Studie, welche die Effekte von Avataren erforscht, die Erkenntnisse von Tariverdiyeva & Borsci (2019). Somit schließt man sich auch von dort der Ansicht, dass der Ansatz von Tariverdiyeva (2019) genauer als UMUX-Lite messe, an. Jedoch sehe man auch den Bedarf, die Validität des USQ Fragebogens durch weitere Studien zu stärken.

Hier stelle sich nun die Frage, was der USQ im Vergleich zum UMUX-Lite besser mache. Neumeister (2020) stellt diesen Vergleich an. Dieser bestätigt eine konsistente Beziehung zwischen dem USQ und dem bereits zuverlässigen und gültigen UMUX-Lite. Auch Böcker & Borsci (2019) und Balaji & Borsci (2019) legen nahe, dass der USQ ein zuverlässiges und valides Maß für die Messung von Gebrauchstauglichkeit bei informationsverarbeitenden Chatbots darstelle. Jedoch merkt Neumeister auch an, dass der USQ ohne angemessene Aufgaben nur einen begrenzten Nutzen für die Bewertung der Benutzerzufriedenheit mit Chatbots haben könne. Aufgrund der Corona Pandemie und ihrer direkten Auswirkung auf seine Studie sei diese These jedoch wage und müsse unter weniger pandemischen Umständen erneut geprüft werden.

Neumeisters Studie insgesamt bestätige die Zuverlässigkeit und Validität des USQ für die Messung von Benutzerzufriedenheit. Darüber hinaus stellte sich heraus, dass Vertrauen und Aufgabenschwierigkeit einen direkten Bezug auf die Bewertung eines Chatbots haben und somit in der Lage seien, die Messungen bei Nichtbeachten zu konfundieren.

Kapitel 2.3 – Diskussion

Wenngleich die Tatsache, dass sich vorrangig die Universität Twente mit dieser Problematik befasse, ernüchtern sein mag. Wobei von meiner Seite aus keine Beeinflussung der einzelnen Studienergebnisse durch die Nähe Verhältnisse zur Universität zu unterstellen sei. Wäre es wünschenswert, wenn die Forschung hierzu zukünftig dezentralisiert werde. Eventuell könne man auch an der Professur Medieninformatik der Technischen Universität Chemnitz etwaige Replikationsversuche anstreben. Wobei hier entlastend wirkt, dass die Vielfältigkeit an Ergebnissen durchaus im umfangreichen Maße bestehe und Kritik durch die Forscher stringent geäußert werde.

Somit sei die Befangenheitsvermutung meinerseits unberechtigter Natur. Weiterhin haben die Ergebnisse von Tariverdiyeva ihren Zweck dahingehend erfüllt, dass nun mehrere neue Fragebögen entstanden sind, welche im Verlaufe der Jahre konsequent zu begutachten sowie im Rahmen von weiteren Studien zu evaluieren seien. Wie viele Schlüsselfaktoren letztendlich benötigt werden, um möglichst genaue Messungen zu erzielen und welche Faktoren es schlussendlich sind, kann an dieser Stelle weder vermutet, noch prophezeit werden.

Zudem stelle sich die Frage, wie lange natürliche Sprache und textuelle Eingaben noch Kernpunkte der Usability Forschungen darstellen werden. So könne die Zukunft auch VR Systeme zur Kommunikation mit Chatbots verwenden. Mit ihr die eventuelle Kommunikation durch Fixationen und Sakkaden. Ich denke das Beispiel Stephen Hawking mache dieses Szenario gar nicht so unrealistisch. Chatbots in virtuellen Umgebungen, wie 3D Welten, wären sicherlich auch interessante Ansätze. Wobei hier eher eine Kommunikation durch die Kombination von natürlicher Sprache und Buttons oder natürlicher Sprache allein vermutet werde.

Die Menschheit ist einem ständigen Wandel unterworfen. Somit ist nicht vorauszusehen, wie die Kommunikation mit Chatbots in 10 bis 20 Jahren genau aussehen werde. Wobei die Vergangenheit gezeigt hat, dass Menschen scheinbar Unmögliches gern möglich machen. Zu denken sei hier an die Erfindung von TNT, der Atombombe oder den ersten Flug ins Weltall. Natürlich bleibt es spannend, wenn man sich genauere Gedanken darüber macht, welcher Testfragebogen den UMUX-Lite ablösen und folglich zukünftig selbst standardisiert eingesetzt werden wird.

Kapitel 3 – Referenzen

Kapitel 3.1 – Literatur

Balaji, D., & Borsci, S. (2019). Assessing User Satisfaction with Information Chatbots: A Preliminary Investigation. Department of Cognitive Psychology and Ergonomics : University of Twente. Enschede.

Borsci, S. (2015). Assessing User Satisfaction in the Era of User Experience: Comparison of the SUS, UMUX, and UMUX-LITE as a Function of Product Experience. International Journal of Human-Computer Interaction, 31(8), 484 - 495. , doi:10.1080/10447318.2015.1064648.

Böcker, N. (2019). Usability of information-retrieval chatbots and the effects of avatars on trust. Department of Cognitive Psychology and Ergonomics : University of Twente. Enschede.

Brooke, J. (1996). SUS - A quick and dirty usability scale. Usability Evaluation in Industry, 189(194), 4–7. http://doi.org/10.1002/hbm.20701.

Følstad, A., Araujo, T., Papadopoulos, S., Law, E. L., Granmo, O., Luger, E., & Brandtzaeg, P. B. (2020). Chatbot Research and Design: Third International Workshop, CONVERSATIONS 2019, Amsterdam, The Netherlands, November 19–20, 2019, Revised Selected Papers(1st ed. 2020.). Cham: Springer International Publishing.

Gnewuch, U., Morana, S., & Maedche, A. (2018). Towards Designing Cooperative and Social Conversational Agents for Customer Service. In ICIS 2017: Transforming Society with Digital Innovation. Abergufen am 07.11.2020 von: https://www.scopus.com/inward/record.uri?eid=2-s2.0-85041742966&partnerID=40&md5=e04f4be1dea36cccd52963bb8da7106f.

Johnson, K. (2018). Facebook Messenger passes 300,000 bots | VentureBeat. Abgerufen am 07.11.2020 von: https://venturebeat.com/2018/05/01/facebook-messenger-passes-300000-bots/.

Krämer, N. C. (2008). Soziale Wirkungen virtueller Helfer. Gestaltung und Evaluation von Mensch-Computer-Interaktion. Stuttgart: Kohlhammer.

Lewis, J. R. (2013a). UMUX-LITE : when there's no time for the SUS: When there's no time for the SUS. Proceedings of the SIGCHI Conference on Human Factors in Computing Systems - CHI '13, doi:10.1145/2470654.2481287.

Lewis, J. R., Utesch, B. S., & Maher, D. E. (2013b). UMUX-LITE. In Proceedings of the SIGCHI Conference on Human Factors in Computing Systems - CHI '13 (p. 2099). New York, New York, USA: ACM Press. https://doi.org/10.1145/2470654.2481287.

Lewis, J. R. (2015). Measuring Perceived Usability: The SUS, UMUX-LITE, and AltUsability. International Journal of Human-Computer Interaction, 31(8), 496 - 505. , doi:10.1080/10447318.2015.1064654.

Lotze, N. (2016). Chatbots. Peter Lang International Academic Publishing Group.

Luger, E. & Sellen, A. (2016). "Like Having a Really Bad PA": The Gulf between User Expectation and Experience of Conversational Agents. Proceedings of the 2016 CHI Conference on Human Factors in Computing Systems, San Jose, California, USA. doi:10.1145/2858036.2858288.

McTear, M., Callejas, Z., Barres, D. G., & article, F. G. (2016). The Conversational Interface - Talking to Smart Devices. Springer International Publishing (1st ed.). Springer.

McTear, M. F. (2017). The rise of the conversational interface: A new kid on the block? Lecture Notes in Computer Science (Including Subseries Lecture Notes in Artificial Intelligence and Lecture Notes in Bioinformatics). https://doi.org/10.1007/978-3-319-69365-1_3.

Mérineau, E. (2016). The 8 best chatbots of 2016. In: VentureBeat. venturebeat.com. Abgerufen am 07.11.2020.

Neumeister, S. (2020) Testing of a usability assessment tool for chatbots : investigating the effect of believing that a chatbot might be a human. Dept. of Cognitive Psychology and Ergonomics : University of Twente. Enschede.

Nguyen, M.-H. (2017). Chatbot Market 2017: Stats, Trends, Size & Ecosystem Research - Business Insider. Abgerufen am 07.11.2020 von: https://www.businessinsider.com/chatbot-market-stats-trends-size-ecosystem-research2017-10?international=true&r=US&IR=T.

Orf, D. (2016). Google Assistant Is a Mega AI Bot That Wants To Be Absoutely Everywhere. In: Gizmodo. Abgerufen am 07.11.2020.

Oyewole, O. (2020). Conversational design: the use of chatbot as an electoral information dissemination tool: Investigating the efficiency, usability, and perception young voters have of chatbots as a possible electoral information dissemination medium. Kleve: Hochschule Rhein-Waal.

Silderhuis, I. & Borsci, S. (2020). Validity and Reliability of the User Satisfaction with Information Chatbots Scale (USIC). Human Factors and Engineering Psychology : University of Twente. Enschede.

Sproull, L., Subramani, M., Kiesler, S., Walker, J.H., Waters, K. (1996). When the interface is a face. In: Human Computer Interaction (11 (2)), S. 97–124.

Tariverdiyeva, G. & Borsci, S. (2019). Chatbots' Perceived Usability in Information Retrieval Tasks: An Exploratory Analysis. Dept. of Cognitive Psychology and Ergonomics : University of Twente. Enschede.

Thielsch, M. T. & Hirschfeld, G., (2018). Woran erkenne ich einen guten User Experience Fragebogen?. In: Dachselt, R. & Weber, G. (Hrsg.), Mensch und Computer 2018 - Workshopband. Bonn: Gesellschaft für Informatik e.V.. DOI: 10.18420/muc2018-ws16-0489.

Toplin, J. (2017). The Conversational Commerce Report. BI Intelligence. Abgerufen am 07.11.2020 von: https://www.businessinsider.com/intelligence/researchstore?IR=T&utm_source=businessinsider&utm_medium=report_teaser&utm_term=report_teaser_store_text_link_chatbot-market-stats-trends-size-ecosystem-research-2017-0&utm_content=report_store_report_teaser_.

Tubbs, S. L. (2013). Human communication : principles and contexts. McGraw-Hill.

Van Eeuwen, M. (2017). Mobile conversational commerce: messenger chatbots as the next interface between businesses and consumers. University of Twente, (essay:71706), 15. Abgerufen am 07.11.2020 von: http://essay.utwente.nl/71706/1/vanEeuwen_MA_BMS.pdf%0Ahttp://essay.utwente.nl/71706/%0Ahttp://essay.utwente.nl/71706/1/van Eeuwen_MA_BMS.pdf.

Wagner, J. (2002). Mensch-Computer-Interaktion. Sprachwissenschftliche Aspekte. Frankfurt/M.: Peter Lang (6).

Waldera, L. & Borsci, S. (2019). Development of a Preliminary Measurement Tool of User Satisfaction for Information-Retrieval Chatbots. Dept. of Cognitive Psychology and Ergonomics : University of Twente. Enschede.

Walker, J.H., Sproull, L., Subramani, M.R. (1994). Using a Human Face in a Interface. In: Beth Adelson, Susan Dumais und Judith Olson (Hg.): Human Factors in Computing Systems: CHI' 94 Conference Proceedings. Boston: ACM Press, S. 85–91.

Weizenbaum, J. (1966). ELIZA – A Computer Programm for the study of natural language between man and machine. In: Computational Linguistics (9), S. 36–45.